Bibliografische Information der Deutschen Nationalbibliothek: Die Deutsche Nationalbibliothek verzeichnet diese Publikation in der Deutschen Nationalbibliografie; detaillierte bibliografische Daten sind im Internet über dnb.dnb.de abrufbar.

2. Auflage 2018

Herstellung und Verlag:
BoD – Books on Demand, Norderstedt

ISBN: 978-3-7528-6282-9

Reitvorschrift
— für eine —
Geliebte

Komme! Zu Pferde! Komme in Sonne und Luft. Laß die Reitbahn mit Staub, Ecken und Enge den engeren Menschen. Komme auf freie, ewige Bahn, wo jungfräuliches Gras im Tau steht, Schatten des Laubes über deinen Weg tanzen, wo das Licht dich liebkost, wo der Wind dich umspielt, wo es keine Grenzen gibt, wo dein Herz weit wird und in das Grenzenlose seiner Herrschaft einreitet.

Denn dies, Geliebte, ist meine Verheißung: Deines Pferdes Rücken unterwirft dir die Welt. Zu einem Thron für dich will ich ihn machen, von dem du ein Zepter der Macht, der Freude und der Freiheit führen sollst, wie du es nie geahnt.

Draußen nur — wenn du liebst — trägt dein Pferd dich recht. Draußen nur, unter freiem Himmel, ist es ganz königlich, ist es ganz Tier. Draußen nur ist es wirklich beschwingt. Nur wenn es dir draußen gehorcht, gehorcht es dir ganz. Draußen nur fühlt es ganz seine Macht, fühlst auch du ganz seine Macht, herrschst du über das ganze befreite Maß seiner Kraft.

Ewig durch Ecken gebrochene Bahn, in kleine und kleinere Kreise geengte Gänge, genagelte Rampen und Schranken, himmelverhüllendes Dach — taugt das für Liebende?

Hohe Schule — nun wohl. Aber die höchste Schulung: willst du sie missen?

Nur der Himmel, Geliebte, ist groß genug, dein Zelt zu sein, wenn du reitest.

Höre nun, da dich das Pferd trägt, nicht so sehr auf mein Wort als auf das Pferd. Das Pferd ist der beste Reitlehrer. Es ist der Meister der straft und belohnt: er verschließt sich dir, wenn du auf andere Lehren hörst als die seinen. Lerne vom Pferde.

Reiten ist erst dann eine wahre Freude, wenn du durch eine lange Schule der Geduld, der Feinfühligkeit und der Energie gegangen bist, die dir das Pferd erteilt.

Lies nicht in Reitvorschriften und lerne nicht von Bereitern. Sie verstehen nicht mehr als ihr Handwerk. Reiten aber ist kein Handwerk sondern eine Kunst.

Reitvorschriften gewöhnlicher Art sind wie Klavierschulen; sie lehren das Reiten als eine Fertigkeit die man erlernen kann: wie das Nähen und Strümpfestopfen.

Horche in dein Pferd hinein wie in ein kostbares Instrument: wie die Ellen Ney in ihren Flügel, wie der Busch in seine Geige, wie Barjansky in sein Cello. Das wird dich seltsame Dinge lehren, von denen keine Reitschule, kein Reitlehrer etwas weiß.

Alle Moral, die dir ein Reitlehrer predigt, kann das süße, zarte Geplauder deines Pferdes nicht ersetzen, wenn es an einem schönen Sommermorgen die ersten Tritte unter dir ins Freie tut, mit fühlenden Lippen vom Gebiss aus am Zügel entlang deine Hand sucht, sie leise erkundet und befragt; wenn es dann neugierig und prüfend mit der feinen Stahlstange in seinem Maule spielt, sie mutwillig ein wenig fortstößt, sich versuchend ein wenig gegenlehnt, um sie dann mit langem Hals, mit aufgerichtetem Genick, freiem Kopf und zartem Zungenspiel aus deiner Hand entgegenzunehmen, wie ein ihm zugedachtes Geschenk, auf das es stolz sein darf. Dann ist dein Pferd glücklich.

Dem Geist der Schwere sollst du feind sein. Das macht dich dem Pferd leicht. Wenn dein Herz leicht ist, ist es auch deine Hand. Wenn dein Herz leicht ist, treibt es dich vorwärts. Die Schwermütigen, Schwerbeherzten treibt nichts vorwärts.

Vorwärts aber ist alles.

Wenn sich dein Pferd widersetzt ist's aus dem Geist des Stillstands, des Zurück. Wenn du das sich widersetzende Pferd vorwärts zu treiben vermagst — lasse nicht ab es zu tun — hast du halb gewonnen! Denn es muß einen Teil seiner Kraft auf das Vorwärts verwenden das du ihm abverlangst, und nur der andere Teil bleibt ihm zum Widerstand. Bocken und Schlagen, Steigen und Sich-nieder-werfen-wollen sind leicht zu überwinden in der Bewegung nach vorwärts, sind unüberwindlich auf der Stelle.

Niemand als das sich widersetzende Pferd lehrt besser daß Vorwärts alles ist.

Dem Geist der Schwebe sollst du freund sein. Der Schwebende ist immer im Gleichgewicht. Bleibe beim Pferde wie der Vogel auf dem Rücken der Luft bleibt die ihn trägt. Dies ist das Geheimnis des Vogels, sei es auch deines. Wer schwebt fällt nicht.

Doch selbst noch im Fallen: bleibe bei deinem Pferde. Bleibe wie der Vogel auf der unter ihm wegsinkenden Luft. So wirst du dich besser empfangen finden von der Erde, wo immer du sie erreichst.

Aber dein Auge muß offen sein und deine Sinne dürfen dich nicht verlassen.

Reiten ist Wille ins Weite, ins Unendliche. Wenn deine Seele eins mit der Kraft deines Pferdes hinausgetragen in den Morgen und die Sonne etwas anderes vor sich sieht als die Unendlichkeit und das Glück, so begreift sie die Fülle des Geheimnisses nicht.

Aber die Ohren deines Pferdes spielen am Rand dieser Unendlichkeit ihr Spiel.

Nimm dich in acht: das Pferd errät dich, dich und deine geheimsten Gedanken. Wenn du nicht gesonnen bist über es zu herrschen, wird es dir nicht gehorchen, wenn du nicht willens bist stärker zu sein, wird sich die ungeheure Kraft des Tieres auflehnen gegen dich.

Dein Zuruf, dein Zungenschlag, dein Sporn, deine Peitsche sollen nicht lügen, du wollest dies und das, und du willst es doch nur halb. Dein Pferd straft dich Lügen.

Wenn du ihm nicht vertraust, wird es dir nicht trauen; wenn du schwankend wirst, wird es eigene Wege gehen.

Wenn du erschreckst, wird es erschrecken; aber es wird mutig und guter Dinge sein, wenn du mutig und guter Dinge bist.

Wenn du unstet bist, ist es unstet. Wenn du nicht immerdar vorwärts willst, wird es langsam werden und am Ende auf der Stelle stehen.

Wenn du ohne Schwung bist, wird es schwunglos sein; wenn du fliegen möchtest, wird es fliegen: kaum daß die Hufe die Erde zu berühren scheinen. Ein schwebendes Gebilde aus lebendigem Stahl scheint dich zu tragen. Läßt du dich aber zur Erde ziehen im Geist und im Wollen, so kriecht ein müder Wurm unter dir im Staube.

Dein Pferd weiß um dich: es weiß, ob du gut geschlafen zur Nacht, ob du zerstreut oder gesammelt, ob du fröhlich oder traurig, ob du vertrauend oder in Zweifeln, ob du ans Reiten denkst oder ans Frühstück.

Wer die Erde verachtet, wer die Ferne nicht liebt, wer kleinlich und pedantisch ist, wer Winkelzüge macht, wer unklaren Geistes ist, wer zweifelt, wer verneint, reitet schlecht. Wer geradeaus will, wer das Leben sucht, wer die Ferne liebt, wer Gebieter ist und zumeist Gebieter seiner selbst, wer gefaßt ist und in sich gesammelt, wer sich vertraut und klaren Geistes ist, mag gut reiten. Reiten ist ein unaufhörliches Jasagen und gerade dann, wenn du deinem Pferde etwas zu versagen scheinst.

Du mußt Eins werden mit dem Pferde. Wenn es dich auf seinem Rücken trägt, darfst du nicht von ihm getrennt werden können: weder für das Auge noch in seinen oder in deinen eigenen Gedanken. Es wird dir nicht gehören, du gehörst ihm.

Dein Verhältnis zum Pferde ist keine Ehe, wo beide Teile zusammengesprochen werden können, gleichviel ob sie zusammen gehören oder nicht; wo einer neben dem anderen herläuft, ohne vom anderen mehr zu wissen als Alltäglichkeiten.

Denke darüber nach: Dein Freund ist stärker als du, und doch bist du seine Herrin. Denke darüber nach, wie es geschah. Denn auch deines Pferdes Herrin sollst du sein.

Dich trägt das sympathischste gefühlvollste Tier der Schöpfung. Wisse das. Laß dies nie außer acht und, es nie außer acht lassend, mache es dir zu nutze. Du kannst nicht mit Druck und Kraft der Schenkel, des Knies wirken (deren Wirkung selbst bei dem über dem Rücken des Pferdes gespreizten Sitz weit geringer ist als andere Kräfte). Der seitliche Sitz auf einer Flanke beraubt dich erst recht dieser Wirkung. Aber du hast mit diesem Sitz den Vorteil eines langen Zügels eingetauscht und besitzt von Natur die leichtere gefühlvollere Hand.

So wirke durch Einfühlung, du, die aller Gefühle mächtig ist. Kein Tier ist dankbarer dafür und wird sie besser würdigen als das Pferd.

Wenn du nicht die Hand einer Dame hättest, würde ich dir die Hand eines Kindes wünschen. Ich sah den berühmtesten und besten Jockei eines Jahrzehnts — länger währt das Leben eines berühmten Jockeis in seinem Ruhme kaum — mit seinen Kinderhänden auf der Rennbahn zwischen den Zuschauern vor den Ständen, wo die riesigen Vollblutpferde gesattelt wurden, seinen Kreisel peitschen und danach — er mochte damals seine elf Jahre alt sein — von seinem Trainer auf die mächtigen Tiere gestülpt werden wie eine kleine lebendige Klammer. Er lenkte sie sicher an jenem sprichwörtlichen Seidenfaden. Und bei allem Ungestüm wie es nur Zweijährige aufbringen können, die das erste Mal die Rennbahn betreten, ist ihm keines je davongerannt noch ungebärdig geworden. Die Kinderhand beglückte sie.

Wirst du an Zartheit in der deinen nicht ein Kind übertreffen?

Liebst du den Tanz?

Das Pferd ist ein Tänzer an deiner Hand: ein Tänzer in die Unendlichkeit. Aus dem Schwung, den du ihm mitteilst, folgt die Leichtigkeit, folgt das Schweben. Alle Kraft fühlst du sich unter deinem Sattel vereinigen. Das Land bleibt hinter dir zurück. Die Welt fließt an dir vorüber. Dein Tänzer trägt dich davon.

Wunderbares zartes Spiel und Gegenspiel von Menschenhand und Pferdelippe. Hast du je darüber nachgedacht? Es ist als ob ein leichter beseelter Widerstand das Tier entzückt wie der Widerstand deiner Seele deinen Freund entzückt. Dies ist das Leben. Wenn du recht reitest wird das beglückende Spiel von deinem Pferd immer von neuem im Schwung nach vorwärts gesucht. Je mehr deine Hand ihm nach vorne enteilt um so dringender, eifriger wird das Tier dir nachstreben — um jenes Spieles willen.

Treibe dein Pferd im Gang ein wenig in das Spiel hinein. Dann streckt sich der Hals. Um der Hand die es liebt nachzukommen, werden die Tritte länger, schwungvoller, ruhiger zugleich und ausgiebiger. Der ganze Leib strebt nach dem Punkte hin, wo das Spiel sich abspielt, fühlbar wird: Die Hinterbeine setzen sich eifriger unter den sich aufwölbenden Rücken. Das Ohr ist nach vorwärts gespitzt. Das Genick richtet sich auf. Der Hals hebt sich frei aus den Schultern. Die ganze Säule der Wirbel vom Schwanz bis zum Genick ist zu einer elastischen, federnden Brücke gewölbt, ins Freie hinaus gespannt, bis sie auf der Stange des Gebisses in ihrem immer nach vorne enteilenden unvergleichlichen Stützpunkt ruht so sicher und leicht wie eine Tänzerin im Schweben auf dem Finger ihres Partners.

Es ist aber kein Spiel, sondern eine plumpe Vergewaltigung durch mächtige Hebel, die die treiben, welche dem die feine Hand suchenden Pferdemaul einen Widerstand setzen dem es entgehen will, mag es auch zaghaft vorwärts schreiten. Dann wird sein Hals kürzer statt länger, die Ohren legen sich rückwärts, die Nase fällt gegen die Brust, das Genick senkt sich und der Gang verkürzt sich. Es stoße sich ab am Gebiß, sagt der Reitlehrer mit Reitknechtsgedanken. Es ist aber so, daß die Hand das Pferd abstößt, daß es abgestoßen wird.

Hast du, Geliebte, je dir das wundersame Instrument im Geist betrachtet das in Gestalt der Stahlstange mit den beiden Hebeln im Maul des Pferdes ruht und zugleich mit einer spielenden Kette den Unterkiefer umfaßt? Kaum wohl denkt noch ein Mensch an die Genialität dieses Werkzeugs, wie man wohl auch nicht mehr weiß was ein Rad, was eine Zange oder eine Walze ist. Die Kandare ist ein Angriffshebel für alle Hebel des Pferdeleibs. Richtig gesehen beherrscht sie die Gesamtheit aller Gelenke, aber der ursprüngliche Zauber der in ihr ruhte ist ihr genommen. Dir nur mag er noch einmal erstehen.

Vielleicht sah sie das erste Mal im Geist ein vornehmer Araberscheich, wie in einer Vision verknüpft mit dem äußersten Schwung eines edlen Pferdes. Vielleicht bestellte er sie bei einem kunstfertigen Schmied seines Stammes, der fühlte um was es hier ging. Nur der Araber behandelt von alters her dieses Instrument nach dem Sinne seiner Erfindung; aber die gepanzerte Faust des mittelalterlichen Ritters, das Anrennen auf ungeschlachtem gewappnetem Pferd gegen den Gegner im Turnier entkleideten die Erfindung der Vornehmheit ihres ursprünglichen Sinnes, eines Pferdes Stütze und Hilfe in seiner fast vom Boden sich loslösenden freien Bewegung zu sein.

Denn was spielt sich ab? Jener Araber sah, wenn er in die Öffnung seines Zeltes trat, sein edles junges

Pferd, das draußen frei das Gras der Wüste weidete, auf seinen Zuruf ihm entgegeneilen. Die Tritte schwebten vor Kraft, Neugierde und Gier nach der Hand die ihm vielleicht einen Leckerbissen entgegenhielt. So, sagte er sich, geht mein Pferd nicht unter der Last meines Gewichtes. Wie vermag ich dieses Gewicht aufzuheben, was vermag ich dem Pferd dagegen zu geben, damit es die Last nicht mehr spürt? damit es auch unter dem Gewicht so schwebt? Und er verfiel darauf ihm in dieser erhobenen Haltung eine gleichmäßig vor ihm hereilende Stütze zu ersinnen, die dem Pferde sein eigenes Gewicht in der Bewegung zu tragen soviel erleichterte wie die Last des Reiters auf seinem Rücken es beschwerte.

Da ging er zu jenem Schmied.

Das Gebiß wirkt, weil es für die schwunghafte Bewegung erfunden ist, nur in schwunghafter Bewegung richtig. Was hätte es auch für einen Sinn, ein auf seinen Beinen ruhendes Pferd noch zu stützen? Wie kläglich sehen neben dem fliegenden Araberscheich die heutigen Reiterinnen zu Hauf aus, die gleich den unbehaglichen Reiterdenkmälern wenig reiterlicher Herrscher sich darin gefallen, auf der Stelle angewurzelt gedankenlos und fühllos die Kandare auf den Kiefer ihres Pferdes wirken zu lassen? Wohl wirkt sie; da aber kein Schwung ist, den sie auffängt, keine Bewegung, der sie Stütze gibt, wird sie zum Aberwitz. Würde nicht jeder lachen, wenn ein Partner die Tänzerin stützen wollte, die neben ihm auf dem Boden steht und drückte mit dem Finger gegen sie? So drückt die Kandare gegen das stehende Pferd. Da es nicht ohne weiteres umfällt, weicht der Kopf allein dem Hebel nach der Brust zu aus. Die Nase kommt heran, aber ohne den Sinn, der diesem Vorgang in der Bewegung zukommt. Genick und Hals, da nichts unter sie tritt, verlassen die Elastizität, die Bogenspannung, die sie im Gange mit allen Wirbeln der Wirbelsäule teilen, biegen und rollen sich zusammen und die genialste Erfindung reiterlichen Geistes ist ihrer Wirkung beraubt. Nie ist ein Instrument in Menschenhand so mißverstanden worden wie diese Offenbarung des Morgenlandes in der Hand des abendländischen Reiters.

Überlasse den Nachfahren der Ritter, Christen und Juden, das Genick ihrer Pferde durch Hebelgewalten zu schänden und zu brechen. Du gedenke des Scheichs und seiner Vision.

Du sollst nur edle Pferde reiten. Wähle dein Pferd wie einen Freund; denn du sollst es lieben. Und wie du deinen Freund nur unter den Vornehmsten und Besten wählen wirst, so wähle dein Pferd.

Du sollst dein Pferd im Geist vor dir sehen, noch bevor du es zu dem deinen machst.

Geschöpfe der Erde schauen dich an — vielerlei. Gleichen Lebens sind sie teilhaftig wie du. Aber das Pferd, das dich trägt, darf dir darum von allen das herrlichste sein.

Sein Auge wird ein ruhiger See sein, in den Jahrhunderte von Adel und Kraft zusammengeflossen sind. Es wird gelassen und aufmerksam um sich blicken und auch dich erfassen, während du in einiger Entfernung stehen bleibst um es zu betrachten. Die Ohren spielen bedächtig, sind spitz und oft still nach vorne gerichtet; die Nüstern fein und zart; die Lippen dünn, die Zunge unsichtbar; weder Geifer noch Schaum näßt in diesem Augenblick das Maul.

Der Kopf ist wie von einem feinem Meißel gemeißelt, die Nase gerade und schmal. Der Hals wird lang, frei und leicht getragen und wächst zwischen aufrechten, eng an den Leib anliegenden Schultern empor, die von der Macht des Rumpfes nicht auseinander gedrückt werden. Die Brust ist nicht zu breit, aber tief und auf den Schultern liegt kein Fett oder dickes Gewebe. Der Widerrist ist schmal (doch nicht spitz) stark und wohlausgebildet und läuft wie ein festes Band in den prall von Muskeln federnden Rücken. Hier verweile ein wenig mit deinem Blick. Dieser Punkt, dicht hinter dem Widerrist nahe den Schultern, wird dich tragen. Diese Partie muss förmlich dazu einladen, Platz zu nehmen. Sie ist kurz; aber darunter bedeckt ein tiefer unerforschlicher Brustraum Lungen und Herz.

Dennoch scheint die Linie des Rückens nicht enden zu wollen. Das Becken ist lang und greift weit nach vorn. Frei und still trägt sich der Schweif. Gestreckte, gerade Hinterbeine streben von dem im Bug sichtbaren Knie zur Erde. Alle Gelenke sind wie herabgedrückt, stark und klar. Feines, pralles Geäder zeichnet sich unter der dünnen Haut. Die Sehnen der Vorderarme, der Hacke sind fast mit dem Auge abzutasten, hinab zu den festen Federn der Fesseln über den runden ruhenden Hufen.

So ausgerüstet, tritt dein Pferd, uralten Adels seiner Geburt eingedenk, mit einer fast königlichen Würde über die Schwelle seines Stalles ins Freie. Sein Tritt ist sicher und leicht. Ewiges Feuer der Wüste strömt in seinen Adern. Sein Blut ist rein, überkommen von erprobten und erlesenen Ahnen. Seine Manieren sind vollkommen. Es war Reitpferd schon im Mutterleibe.

Deines Pferdes Bild verfolge dich bei Tag und Nacht, im Wachen und im Schlaf, wie das Bild deines Freundes dich verfolgte. Ein Unzerstörbares, Beständiges, Ewiges wie eines Bildes von Tizians Hand, wie einer Statue des Praxiteles müssen seine Formen haben. Wenn es sich über Nacht aus deinem Innern löst oder auch nur verblaßt, wenn seine Formen verschwimmen, ist es nicht das Pferd das ich meine.

Einer edlen Frau stehen keine auffälligen Pferde an. Reite Pferde die dir anstehen. Du magst dein Gewand reich, für gewisse Gelegenheiten prachtvoll wählen, aber du wirst es nicht auffällig wählen. Wie dein Reitkleid einfarbig sein soll, so soll auch dein Pferd einfarbig sein. Laß bunte Pferde, Füchse mit Blässen und viel Weiß an den Beinen Koketten und Kokotten.

Du reite Pferde von reinem tiefen Braun, Schwarzbraun, Rot oder Gold.

Du sollst nur jungfräuliche Pferde reiten und ihre Jungfräulichkeit bewahren. So nenne ich eine innere Unberührtheit die darin besteht, daß trotz allem Gehorsam, trotz vielleicht höchster Schulung nichts an natürlicher Frische und natürlicher Bewegung, an Zutrauen und Gehlust verloren ist.

Denn auch deine Seele, Geliebte, hat ihre Jungfräulichkeit und mag sie bewahren — ewiglich.

Meinst du, das Leben zerbreche die Menschen? Sieh, was Menschen aus Pferden machen. Die Menschen sind es die das Leben zerbrechen. So zerbrechen sie auch das Leben im Pferde.

Armsälige Wirkung landläufiger Dressur: die Dressur ist beendet aber das Leben ist dahin. Strafen und Knebel, Zusammenschrauben zwischen ewig verhaltende Zügel und ewig treibende Schenkel und Sporen, verfluchte Ausbinderiemen, nicht endendes Stillstehen herangetrieben an unerbittliche Säulen (Pilaren), die ungeheure Freudlosigkeit der Schulmeisterei hat es zerbrochen. Du sitzest nur noch auf einer gut gewöhnten Maschine. Die Beglückung des Pferdes durch dich gelingt keiner deiner Bemühungen. Es nutzt nichts daß du wirbst. Unter dir tanzt es nicht, lacht es nicht, spielt es nicht mehr. Nichts sucht dich. Das Pferd gehorcht aus Gewohnheit, weil es nichts anderes mehr weiß.

Doch sieh edle Fohlen und Jährlinge frei in der Koppel. Wohl hängen sie im Getrappel der Herde achtlos und lässig am Wind. Wenn sie aber das Selbstbewusstsein ergreift, wenn sie sich brüsten und zeigen, schweben sie in erhobenen Tritten daher. Feuer ist unter ihrem Huf. Die Beine fliegen. Der ganze Leib ist getragen: ein Hebelspiel aller Gelenke zugleich. Auf unsichtbaren Zaum stützen sie leicht den geschwungenen aufgerichteten Hals. Das ganze Tier scheint unter die Wölbung des Halses zu treten. Eine unsichtbare Reiterhand folgt ihm in nie gelernten Gängen einer natürlichen hohen Schule.

Dem sinne nach — und du wirst wissen, was jungfräuliche Pferde sind, was jungfräuliche Pferde vermögen.

Reitest du aus dem Hof, nimm nicht den Zügel auf, ehe du deinem Pferd nicht die Freiheit geschenkt, sich umzusehen in dem Morgen, in den es dich trägt. Gönne ihm eine Freiheit die du selber genießest. Wenn es seinen Hals ausstreckt so lang es mag, seine Ohren spitzt, seine Augen ruhig und groß schweifen lässt, seine Nüstern weitet, wie oft wird ein Lachen in seiner Seele sein, das zur Morgenluft will. Wehre ihm nicht.

Denke, daß auch du dich emporreckst, du dich in die Brust wirfst, du tief atmend vor der Fülle des Tages stehst.

Nachtgedanken, Übelkeiten, unverdaute Gastmähler, schwere Bäuche, versagte Wünsche, unbefriedigte Geilheit bringen jene auf den Rücken der Pferde. Du aber sollst Morgengedanken, Geschmack von Küssen, Nachhall von Beglückungen und einen schlanken Leib auf deines Pferdes Rücken bringen.

Sei anmutigen Gemüts, wenn du zu Pferde sitzest, und dein Pferd wird anmutig sein.

Das Pferd ist wenig scharfsinnig und wenig folgsam; es wird kaum etwas für den Reiter tun, weil es ihn oder die sogenannten Hülfen einer Stallmeisterlehrgewohnheit versteht oder weil es ihnen gehorcht. Aber es ist ungeheuer suggestibel: es wird durch deinen Willen im Ersten und Letzten bestimmt. Aber du mußt auch einen Willen haben.

Es ist wankelmütig; darum mußt du ohne Wanken sein. Es ist wenig anhänglich; so sei du anhänglich. Es ist ihm gleichgültig wer es füttert, wer es schlägt; also beweise ihm, daß dies nicht gleichgültig ist, dass dein Wille gilt. Es will sich gern durchsetzen da und dort, wo es ihm bequem ist; aber nicht mit seinen körperlichen Kräften — denn das vermöchte es gegen die deinen immer — sondern mit seinem oft kindischen Willen; so beherrsche es kraft deines überlegenen Wesens.

Seltsames Mißverstehen jener die zu reiten vermeinen wenn sie ein Angstgefühl nie ganz überwinden können, wenn sie glücklich sind getragen zu werden. Wird das Pferd nicht stärker sein als ich? denken sie, da sie sich ewig von ihm getrennt fühlen. Wie werde ich aussehen? fragen sie sich besorgt und gäben etwas um einen Blick in einen Spiegel, in eine Schaufensterscheibe.

Schlecht meine Gnädigste, so sehr Sie sich zurechtsetzen! antworten wir, und reiten vorüber.

Eitelkeit ist ein stärkerer Antrieb zur Bekanntschaft mit Pferden als Liebe zu ihnen.

Wähle nur Männer mit guten Manieren zu deinen Begleitern. Ich meine: mit guten Manieren gegen das Pferd. Sind sie rechte Reiter innen und außen, werden sie sich auch gegen dich nicht schlecht benehmen. In Begleitung aber von Menschen mit unreiterlichen Manieren, mit unreiterlichen Gefühlen wird dir das Pferd und das Reiten leid.

Traue den Männern nicht die mit angeschnalltem Sporn über die Straße gehn. Die Riemen daran sind zwar zum Anschnallen da, aber ebenso wohl zum Abschnallen. Dazu besonders. Denn man soll zwar im gegebenen Augenblick den Sporn benutzen wenn man zu Pferde sitzt, aber nicht um die Aufmerksamkeit der Fußgänger auf sich zu lenken wenn man über die Straße geht. Diejenigen welche sich auf die Sporen an ihren Stiefeln etwas einbilden wissen sie ganz sicher nicht zu gebrauchen. Die Pferde lachen sie aus wenn's die Menschen nicht tun.

Trage deinen Sporn in der Hand wenn du zum Stall gehst und schnalle ihn an vor dem Aufsitzen; wenn es nur um des guten Aussehens willen ist, schnalle ihn gar nicht an.

Was aber deinen Begleiter betrifft, so falle er durch nichts auf außer durch gutes Reiten.

Gib Ohr allen Geheimnissen die dir das Pferd an-
vertraut, während es dich trägt. Denn dein Pferd hat
Geheimnisse und liebt, sie mitzuteilen: kleine Un-
gezogenheiten, Liebhabereien, Zuneigungen und
Abneigungen, kleine Untreuen, Vertraulichkeiten,
Perversitäten.

Wenn aber der Reiter blind ist und taub, gefühllos
gegen die Regungen eines unter ihm lebenden Leibes
und Wesens, wird er sie bald gleichgültig und ver-
stockt finden; und er meint, sein Pferd verstehe ihn
nicht. Aber es ist, daß er sein Pferd nicht verstand.

Wenn dein Pferd nicht gut geht, so suche in dir. Der Grund liegt fast immer in dir. Aber ich sah Reiter aus dem Sattel steigen und ängstlich den Bauch ihres Pferdes absuchen; — als ob es eine Fliege gewesen sei, die es hinderte über den Graben zu springen, vor dem es gerade mit einem abweisenden Stampfen der Hinterbeine stehen geblieben war.

Verachte die, welche da sagen: ich weiß nicht was der eigensinnige Bock heute hatte, daß er so schlecht ging, daß er nicht über den Bach wollte, daß er vor der Windmühle kehrt machte. Frage dich ob deine Hand leicht, dein Sinn frei, deine Zuversicht unverrückt war. Warst du es nicht die sich weigerte über das Wasser zu setzen? Wardst du nicht ängstlich, ob dein Pferd nicht vor den schlagenden Flügeln scheuen würde?

Das Pferd ist dein Spiegel. Es schmeichelt dir nie. Es spiegelt dein Temperament. Es spiegelt auch seine Schwankungen.

Ärgere dich nie über dein Pferd; du könntest dich ebenso über deinen Spiegel ärgern.

Du sollst nicht schlechter reiten als du kannst. Die meisten Menschen reiten noch schlechter als sie können. Alle ihre Launen, ihre Verdrießlichkeiten, ihre schlechten Geschäfte und ihren Ärger über sich selbst lassen sie am Pferd aus — wenn sie es auch oftmals nicht wissen.

Sie reiten auf schlechten Wegen schlechter als auf guten, obwohl die Steine nur das Pferd fühlt. Sie hängen bei Sturm und Regen wie nasse Säcke schief und schlottrig zur Seite, sie reiten allein schlechter als mit andern, die sie beobachten könnten. —

Auf dem Pferd ist das Wetter immer besser als auf dem Wege.

Stelle dein Pferd nicht zweiundzwanzig von den vierundzwanzig Stunden des Tages in einen dunklen Stand und laß es eine getünchte Wand anstarren um es dann zwei Stunden draußen umherzujagen und wieder einzusperren. Das würde auch dich dumm und dumpf, erregbar und unleidig machen. Nimm vielmehr dein Pferd, das du Morgens geritten hast, des Abends noch einmal heraus — ungesattelt, ungezäumt. Mache einen Abendgang mit ihm: bis zu dem Wiesenrand oder zwischen den grasbewachsenen Rändern der Allee; laß es ein paar Hände frischen Klee, grünes Gras rupfen; sprich ein Wort zu ihm; wehre ihm nicht seinen Kopf an deiner Hand zu reiben — und führe es wieder heim.

Ein kleiner Junge mag an deiner statt mit ihm gehen an manchen Abenden. Aber du sollst den Dienst an deinem Pferd nicht gering achten.

Sei ungenügsam mit deinem Pferd. Die genügsamen Reiter beschönigen ihr Unvermögen. Verlange nicht nur daß es dich trage. Verlange daß es dich sicher trage, ohne merkbare Hülfe von deiner Seite. Verlange sein Äußerstes, sein Bestes. Das Äußerste von Anstand, von Aufmerksamkeit, von Kraft: dies verlange! Unter dem Genügsamen ist das Pferd unanständig, unaufmerksam und träge.

Immer verlange ein Maß von Anstand, Aufmerksamkeit, Kraft; aber das Äußerste verlange auf kurze Zeit: auf Viertelstunden, auf Minuten, ja auf Augenblicke.

Nach einem guten Galopp, in dem du dein Pferd streckst, nach einem schwungvollen Trab, in dem die Tritte deines Pferdes schwebend hervorschießen wie Blitze, nach einem Sprung mit äußerstem Ausstrecken über einen Bach oder in äußerster Versammlung über ein mannshohes Rick, gewahre, wie dein Pferd, wenn diese Dinge das Äußerste an Kraft, an Schwung, an Geschicklichkeit von ihm verlangt haben, stolz auf sein Tun ist; gewahre, wie wohl ihm ist in dem Gefühl der Kraft und der Geschicklichkeit, das du ihm gabst und erlaubtest.

Aber die meisten hindern das Pferd mit Erfolg daran, sein Bestes zu geben, und zu zeigen; und alles bleibt in einem ängstlich straffen Zügel und in einem zusammengeschraubten Pferdehals stecken.

Die Zügel sind nicht zum Ziehen sondern zum Zügeln da. Der ganze Drang, der ganze Schwung nach vorwärts sind zerstört, wenn das vergessen wird. Du versündigst dich am Heiligsten, wenn du am Zügel ziehst. Du sollst selbst dem zu großen Drang deines Pferdes nicht mehr Zügel auferlegen als dazu gehören würde, eine Schwalbe zu lenken. Immer wieder aber wirst du Menschen zu Pferde erblicken, die die Muskelkraft ihrer Arme gegen die seiner Schultern und seines Genicks erproben.

Schlechte Manieren verderben die besten Pferde. Die Art des Reiters spiegelt sich in des Pferdes Haltung, Gang und Benehmen. So wie das Pferd dich errät, so verrät es dich auch.

Unstetigkeit, Unaufmerksamkeit, Affektiertheit, kleinliche Hast, Bequemlichkeit, Launischkeit, Mißtrauen, Bösartigkeit — wie unweigerlich spiegelt sie das Pferd zurück! Man kann oft genug von dem Benehmen eines Pferdes auf den Charakter des Besitzers schließen — selbst wenn er zu Hause sitzt und das Pferd ohne ihn spazieren geht.

An jedem Tag mußt du dein Pferd von neuem erobern: durch Liebe und List, Überlegung und Überlegenheit, durch Gerechtigkeit und Mut, durch Strafe und Lob, wo sie verdient sind.

Schmeichelei hilft nichts. Das Tier weiß, daß es nicht ehrlich gemeint ist, noch ehe du's selber weißt. Und beschämt gestehst du dir's ein, daß du ein niedriges Mittel angewandt hast, zum Ziel zu gelangen. Überredung hilft — indes: du sollst dein Pferd nicht überreden wollen, du habest denn Sporn und Peitsche und den unerhörtesten Willen.

Wer reitet um sich fortzubewegen, wer reitet um sich körperliche Bewegung zu machen, wer reitet um einen Sport zu treiben und es könnte auch ein andrer sein, weiß nichts von der Gewalt der Gänge, weiß nichts von ihrer Magie, weiß nichts von ihrem Geheimnis.

Aus dem gleichen Leib kommt der Schritt, kommt der Trab, der Galopp, der Rennlauf des Pferdes — alle verschieden im Ablauf und Wesen, in Rhythmus und eigenster Melodie; wo bleibst du, Maschine, die nur den Grad einförmiger Geschwindigkeiten kennt? —

Laß andere reiten von Adorf nach Bedorf und wieder zurück, reiten im Park zur Verdauung, geworfen, gehoben im Sattel so gut sie's vermögen, mechanisches Gerüttel menschlicher und tierischer Glieder. Du aber lausche, Geliebte. Erlebe Bewegung. Unter dir regt sich ein lebendiger Leib.

Da ist der Schritt: die Bewegung der Gelassenheit. Ausgreifend ist sie, ruhig und dennoch schnell. Ein Mensch zu Fuß der dir folgte käme sehr rasch außer Atem, begänne zu laufen, wenn er auch nur das Viertel einer Stunde an deiner Seite bleiben wollte. Dein Pferd aber übereilt sich nicht. Es wendet den Kopf ein wenig, auch noch den Hals; der lange Zügel erlaubt es ihm. Es hat Zeit.

Fließender Viertakt schlägt die Straße, rhythmisch bestimmt und abgeschlossen, Vortritt und Nachtritt zweimal in deutlichem Wechsel. Der Takt nimmt dich hin. Es ist keine Zeit zum Träumen. Der Gang wird melodisch wie ein Geläut das mit dir geht.

Doch nur wenn du selbst in deiner Seele gelassen bist, ruhig und ohne Hintergedanken, großer gelöster Bewegung zugetan, wenn du durch Ausschreiten schnell sein willst und nicht durch Eile, ist es der Schritt der dir ansteht.

Bald jedoch schwindet Gelassenheit: Trab stellt sich ein, die Bewegung des Hintersichlassens, der Loslösung. Dein Pferd lacht vor Lust. Es sucht den Zügel, schiebt sich ein wenig in Spannung. Es ist keine Zeit mehr sich umzuschauen. Es findet Ermunterung. Zu festem Zweitakt erheben sich kreuzweis die Beine. Der Boden wird kraftvoll zurückgestoßen, als ob die Erde sich wie ein Ball unter dir drehen sollte.

Nur der Reiter kennt die unendliche Schwebe. Er nur schmeckt die unaussprechliche Wonne, höchste Weisung des Lebens sich spielend verkünden zu lassen. Er nur genießt den Augenblick ganz, und muß ihn genießen sonst ist er dahin.

Nichts hält dir still. Alles folgt unablässig Enteilendem. Alles ist unerbittlich und dennoch von Willen gebändigt. Der Odem des Alls gleitet an deinen Schläfen hin, kühl und scharf und doch schmeichelnd. Die Welt strömt durch dein Auge. In zwei ungeheuren Scheiben dreht sich zur Rechten, zur Linken die Landschaft. Alles fließt — zum ewig Fließenden hin. Deines Pferdes Huf stößt dich ab, und alles Vergangene versinkt. Die Erde verläßt dich. Gegenwart trägt dich auf ihrer zartesten Schneide. Du schwebst. Denn gesammelter unter dich schiebt sich die Kraft. Das Spiel der Muskeln löst sich befreiter. Jene enteilende Stütze, sie schwebt vor euch her. Zwischen den Schlägen des Zweitakts erheben sich schwebende Pausen, in denen kein Fuß des Pferdes den Boden berührt, in denen die Schwere sich aufhebt.

Sei deines Pferdes Gang unter dir wie die Bahn eines Sterns. In deiner fühlenden Hand, in deinem schwingenden Leib, in deinem schwebenden Herzen liegt Kurve und pfeilgerader Weg, liegt Anfang und Ende, liegt die unermeßliche Poesie der Bewegung, liegt die lebendige Kraft.

Störe die Bahn des Sternes nicht. Wehe des Augenblicks wo du sie störtest! — Sei voller Angst. Beharre! Beharre, Geliebte, im Augenblick! Beharre im Schweben! Beharre wie ein schöner Gedanke der mit einem Stern dahinzieht.

Aber nur edelstes Blut schenkt dir dies alles.

Kehrst du zurück zur Gelassenheit? zu tiefrer Gelassenheit? Umfängt dich tiefer die Melodie des Schritts?

Wölkchen von Schweiß verdampfen hinter den Ohren des Pferdes, steigen von seinen Schultern herauf und die Nüstern stoßen Gewölk in den Morgen.

Scharfer erregender Duft des Pferdes umwogt und berauscht dich. Laß ihm sein Recht, laß ihm seine Macht.

Tiefer, freudiger verheißest du dich in deinem Innern, unbefangen und ohne Beschwerung. Ungeheures Recht, dich an die Welt zu verschenken, strömt in dich ein. Stolz — wie ein unwiderstehliches körperliches Gefühl—übermannt dich und schwellt deine Adern. Deine Handgelenke, deine Knöchel, dein Hals sind kühl; aber deine Wangen, deine Brüste, deine Schenkel sind heiß vom Glück des Besitzes.

Reite dahin in der tiefen Melodie des Schritts, in der Wolke des Dufts, im Glück des Besitzes.

Galopp sei dir immer das Höchste. Schönste Bewegung der Reiterin, Gang der Erhebung und der anmutigen Senkung, majestätisch und schmiegsam zugleich.

Im ruhigen freien Galopp, kaum bewegt von dem Sitz nahe dem Widerrist, fühlst du nur wiegend den Rhythmus des schwer unterscheidbaren Dreischlags und Vierschlags des Ganges.

Vertraue dich dieser Bewegung an in guten und schwierigen Lagen. Dein Pferd trägt dich sicher wenn du ihm traust. Und reitest du über die Heide und über ein Hindernis, schlage einen guten Galopp an und versuche nicht es zu tragen. Lass es dich tragen.

Als aber Mohammed floh von Mekka nach Medina mit seinen Begleitern, da *rannten* die Pferde. Die ganze Nacht. Dicht am Boden, nicht mehr sich hebend, nur noch im geradesten Flug von weit voreinander fußenden Hufen gestützt, von weit vorgreifenden Hufen abgestoßen, schnellten die Leiber. Waagrecht und still lagen die Schweife im Wind der Bewegung. Waagrecht wie steuernde Ruder streckten sich Hälse und durchschnitten die Luft. Ein Sausen war die Bewegung; der Aufschlag der Hufe ging unter im Sausen. Vorwärts geneigt, wie schwebend auf Pfeilen reitend, unbeweglich saßen die Männer. Heiße Ströme entfuhren weit offenen Nüstern und scharf wie Messer fuhr die Luft der Wüste in offene unverletzliche Lungen. Ohnmächtig nur rief die zerrissene Stille hinter den rennenden Pferden her.

Da war das Blut der Tiere zum Äußersten bereit. Sie rannten, als ob sie wüssten daß es ums Leben ginge; und es ging um das Leben des Propheten. Sie aber rannten als die geschworenen Renner, rannten — für Menschen auf Leben und Tod.

Dein Pferd ist dein Freund. Du sollst nicht umsonst oder zum Spiel dieses Letzte verlangen von ihm. Laß es den Jockeis der Rennbahn und fliehenden Propheten. Aber du sollst darum wissen, weil Frauen um Äußerstes wissen sollen, auch wenn es ihnen im Moment nicht zusteht.

Der Himmel ist hoch und die Erde ist weit. Drei Fuß höher über dem Boden als andere Menschen, gibt dir ein ewiges Gefühl davon. Es wird dich nie mehr verlassen.

Ich aber verlasse dich nun. Dein Pferd wird dich trösten. Höre nicht auf den Reitschwatz müßiger Begleiter. Der Himmel ist hoch und die Erde ist weit und jene sind weder so heiter noch so ernst wie dein Pferde. Reite allein. Plaudre mit deinem Pferd, wie du zu tun gelernt hast. Andere fahren mit Worten in deine Gedanken; es wird dir nicht wehren. Wem denn als ihm, Geliebte, dürftest du sagen, daß wir uns lieben?

Folge